根室線の記憶

富良野〜新得間 空知川に沿って

番匠 克久

北海道新聞社

はじめて富良野に居を移した昭和52年（1977年）の頃、僕は完全にテレビから干されていた。だから毎日やることがなくオンボロジープを駆って、富良野を中心に北へ南へ、古い駅舎を訪ねて歩き、哀れなカメラで、それらの木造の駅の建物を片っぱしから撮って歩いた。

　布部・山部・下金山・金山・東鹿越・幾寅・落合。北へは野花南・上芦別・芦別・平岸・茂尻・赤平。

　それらの写真はとっくに失くしてしまったが、石勝線開設により捨てられる運命の当時の駅舎の情景は心の金庫にしっかりとしまってある。人気のない原野と森厳の森と共に。

　社会から捨てられた男の心に、それらの情景はどんなに心細く切なく沁みこんだか。

　そんな駅の一つ、布部駅の待合室のベンチに坐って「北の国から」の構想を考えた。

倉本　聰

Index

待ちわびた春 / Spring

山紫水明、夏の趣 / Summer

晩秋の輝き / Autumn

厳冬の旅路 / Winter

根室線全線一覧

※2023年10月1日現在

2024年3月廃線

滝川
東滝川
赤平
茂尻
平岸
芦別
上芦別
野花南
富良野
布部
山部
下金山
金山
東鹿越
幾寅
落合
新得
十勝清水
御影
芽室
大成
西帯広
帯広
柏林台
札内
幕別
利別
池田
十弗
豊頃
浦幌
新吉野

2429D
TAKIKAWA — KUSHIRO
NEMURO LINE
完全乗車証明書
Version. 4

2429D
TAKIKAWA — KUSHIRO
NEMURO LINE

日本最長 長距離鈍行列車で行く根室線
滝川〜釧路

　「1年生は、現地集合だから」。大学に入学後すぐに入った、環境系サークルの先輩の一言。GWに道東の現地調査を行うにあたって、機材を積み込むのに、1年生は車に乗る余裕がないという。シメシメ、これは私にとっては渡りに船。

　「ゆっくり来ていいよ」のお言葉に甘え、早速釧路までの片道乗車券を握りしめ、同級生とともに、鈍行で早朝の札幌を出立した。乗換の滝川でぶるぶる震えている、1輌とはいえ満員のキハを見て、終点までの8時間の旅を思うと、こちらも武者震い。初めての道東方面への旅。赤平、芦別と炭鉱街を抜けていく。そびえたつ立坑櫓の大滑車の回転を

見て、未だ現役で操業していることに驚きを隠せない。富良野盆地に入り、ドラマ「北の国から」のロケ地最寄りの布部を過ぎると勾配にかかり始める。トンネルを抜けると、ぱあっと広がるかなやま湖。点々と浮かぶカヌーを見て、長くて暗い浪人生活の果てにたどり着いた、北海道の大自然に包まれた環境に改めて光を感じた。

　東鹿越駅では、無蓋貨車に石灰石の積み込む作業の真っ最中である。特急が走らなくなった旧線、それでも動脈として活躍する姿に安堵しつつ、列車は空知川の清流に沿って右に左にカーブしながら、大河・石狩川の源流域をゆっくり登っていく。

根室
東根室
西和田
昆布盛
落石
別当賀
厚床
姉別
浜中
茶内
厚岸
門静
尾幌
上尾幌
別保
武佐
釧路
東釧路
新富士
新大楽毛
大楽毛
庶路
西庶路
白糠
音別
厚内

布部駅
ありがとう　根室本線

落合を過ぎ、十勝山脈をぶち抜く新狩勝トンネルに入る。途端に、列車は暗闇のトンネル内で停車。「非常時！？」「どこに逃げるんだ？」。何も知らない観光者同士が囁き合う。15分も経っただろうか、突如右側を特急がすれ違い、新線側に走り去った。そう、この空間は新線「石勝線」とのトンネル内の合流点。

長いトンネルを出ると、眼下に未知のパノラマが。これが北海道だ！！十勝平野の広がりに、仲間とともに言葉を失う。一人だけ、眠りこけて文字通り言葉が出ない仲間もいたけれども・・・。

大パノラマを快調に下っていくかと思われた列車は、再び原野の中で停車。追い抜きの特急を待つ間、じっくり景観を楽しめるのも、鈍行のいいところ。いらち（せっかち）の関西出身の私も、いつの間にか雄大な自然のペースに飲み込まれている。

麓に下り、こちらが大パノラマの中の点景となると、あこがれの景色が催眠術を掛けるのか、気づけば十勝平野を抜けていた。直別、尺別、音別と、北海道らしい地名の連続する中、荒波の海岸線や荒涼とした湿原をたどると、終点釧路まであとわずか。ほぼ抜け殻状態でたどり着いた夕霧の駅前へ。迎えに来てくれた先輩たちの背にネオンが射し込み、あたかも後光がさしているように見えた。

せたな町 / 河原 泰平

根室線の歴史 *History of the Nemuro line*

●根室線の歴史

　JR北海道根室線は、滝川を起点に根室を結び、全長443.8キロの長大路線である。また、釧路〜根室は「花咲線」という愛称が付けられている。途中新得〜帯広・釧路は優等列車が多く走り、接続する石勝線と共に札幌との都市間輸送を担っている。

　当初、旭川と釧路を結ぶ幹線として、旭川、釧路双方から着工した。1907年、狩勝トンネルの完成で旭川〜釧路が全通し、その後釧路線となった。1913年に滝川〜下富良野が開通し、起点を旭川から滝川に変更、滝川〜釧路を釧路本線とした。尚、旭川〜下富良野を富良野線として分離している。さらに1921年に根室まで延伸、滝川〜根室が全通、根室本線としている。以降、道央と道東を結ぶ幹線として都市

間輸送を担ってきたが、1981年に短絡ルートとなる石勝線が開通したことにより、道央と道東を結ぶほとんどの優等列車は石勝線経由に切り替えられ、都市間輸送の所要時間の短縮が図られた。一方で、滝川〜新得間は地域輸送のみのローカル線となっている。今回廃線となる富良野〜新得間は、そのローカル線となった区間の一部で、駅間としては81.7キロ。その内、東鹿越〜新得間は2016年の災害被害により復旧することなく廃線を迎えることになった。尚、石勝線と合流する上落合信号場の先から新得までは実際は残り、この区間約24.1キロは廃線とならないので、実質的には約57.6キロの廃線となる。

●廃線予定区間について

　廃線区間で現行走っている富良野〜東鹿越の列車本数は、下り東鹿越行きが1日4本、東鹿越からの上りは5本。すべての列車は普段は1両で、東鹿越〜新得の代行バスに連絡している。走るのは朝と14時以降夕方から夜にかけてで、昼前後に列車は無い。通学通勤の時間に合わせて運行されているようである。尚、富良野〜東鹿越を約45分で結ぶ。

　富良野を出た列車はまず布部に停まる。駅前には1本松があり、「北の国　此処から始まる」という看板がある。これは、1981年から放映された人気テレビドラマ「北の国から」が始まった場所を示している。

　その次は山部に停まる。駅周辺には民家が多くあり、レストランやコンビニもある。朝夕は通勤通学者が列車利用している。この先は空知川と一緒に山間部に入っていき、途中から南富良野町となる。次の下金山は列車の行き違いも出来ない駅であるが、駅構内は広く取られ、かつては貯木場があり、森林鉄道もあったと聞く。

　下金山を出た列車は、国道と空知川を並行して進み金山に入っていく。駅舎の近くにはレンガ造りの

ランプ小屋が残されている。ランプ用の灯油などを保管する小屋だったということだ。行き違いも出来るホームの長い駅だが、乗降はほとんどない。

　次の東鹿越は現在の終着駅で、ここで折り返しを行う。途中、かなやま湖沿いを走り、駅周辺に工場はあるが民家は見当たらない。かつては鹿越駅もあったが、ダム湖のかなやま湖の湖底に沈んでいる。

　ここから先は2016年の台風被害により不通となっている区間で、幾寅は南富良野町中心部で行政機関があり高校もある。駅周辺は高倉健さん主演映画「鉄道員（ぽっぽや）」のロケ地で、セットなどが展示されている。

　最後は落合。空知川とその支流が合流するところから名づけられた。小市街地があり、かつては森林鉄道が分岐、落合機関庫があった。農業の他に林業も盛んな所であった。

● 根室線駅データ（廃止区間）

	駅 名	読 み	開 業	自治体
1	富良野駅	ふらの	1942年（昭和17年）4月1日	富良野市
2	布部駅	ぬのべ	1927年（昭和2年）12月26日	
3	山部駅	やまべ	1901年（明治34年）4月1日	
4	下金山駅	しもかなやま	1913年（大正2年）10月1日	南富良野町
5	金山駅	かなやま	1900年（明治33年）12月2日	
6	東鹿越駅	ひがししかごえ	1946年（昭和21年）3月1日	
7	幾寅駅	いくとら	1902年（明治35年）12月6日	
8	落合駅	おちあい	1901年（明治34年）9月3日	
9	新得駅	しんとく	1907年（明治40年）9月8日	新得町

※赤字は2024年3月31日に廃駅（富良野駅と新得駅は存続）

● 根室線年表

西暦	和暦	月日	出来事
1896年	明治29年	3月26日	「北海道鉄道敷設法」が第9回帝国議会で成立し、旭川から十勝および釧路、厚岸を経て北見、網走に至る鉄道の建設が決まる。帯広より西を十勝線、東を釧路線とする
1897年	明治30年	6月	十勝線旭川〜美瑛間が着工になる
1900年	明治33年	5月	釧路線釧路〜帯広間が着工になる
		12月2日	十勝線下富良野〜鹿越間が開業する。下富良野駅、山部信号場、金山駅、鹿越駅が開設
1901年	明治34年	4月1日	山部信号場が山部駅に昇格する
		7月	十勝線落合〜新内間で狩勝トンネルが着工になる
		9月3日	十勝線鹿越〜落合間が開業する。落合駅が開設
1902年	明治35年	12月6日	幾寅駅が開設
1907年	明治40年	9月8日	狩勝トンネルが完成し、落合〜帯広間が開業。旭川〜釧路間が全通する
		9月8日	狩勝給水給炭所、新内駅、新得駅が開設
1909年	明治42年	10月12日	十勝線と釧路線が統合され、旭川〜釧路間が釧路線となる
1913年	大正2年	10月1日	下金山駅が開業する
		11月10日	滝川〜釧路間が釧路本線、旭川〜下富良野間が富良野線に改称される
1921年	大正10年	8月5日	根室線西和田〜根室間が開業し、滝川〜根室間が全通。釧路本線と根室線が統合し、根室本線となる
1927年	昭和2年	12月26日	布部駅が開設
1941年	昭和16年	12月29日	東鹿越信号場が開業する
1942年	昭和17年	4月1日	下富良野駅が富良野駅に改称される
1946年	昭和21年	3月1日	東鹿越信号場が駅に昇格する
1966年	昭和41年	9月29日	金山ダムの建設に伴い、鹿越駅が移転し、鹿越信号場になる
		9月30日	新狩勝トンネルの完成により、落合〜新得間に狩勝新線が開業する。上落合、新狩勝、広内、西新得信号場が開設
		10月1日	狩勝トンネルを通る狩勝旧線の廃止に伴い、狩勝信号場、新内駅が廃止になる
1981年	昭和56年	10月1日	石勝線千歳空港〜新得間が開業になる
		10月9日	倉本聰脚本のテレビドラマ「北の国から」の放送が始まる。第1話で布部駅が登場
1982年	昭和57年	10月15日	鹿越信号場が鹿越仮乗降場になる
1986年	昭和61年	11月1日	鹿越仮乗降場が廃止になる
1991年	平成3年	7月1日	釧路〜根室間に「花咲線」の愛称が付く
1999年	平成11年	6月	高倉健主演の映画「鉄道員（ぽっぽや）」が公開される。架空の駅「幌舞」の撮影には幾寅駅が使われた
2016年	平成28年	8月31日	台風10号の大雨災害により、根室線の駅や設備が損壊。東鹿越〜新得は運休が続き再開の目途が立たず
		10月17日	大雨災害で不通になっていた富良野〜東鹿越間が復旧し、8月29日以来49日ぶりに列車が通る
2017年	平成29年	3月28日	東鹿越〜落合間を運行する代行バスが路線を延長して新得までの運行を始める
2023年	令和5年	3月	滝川〜新得間の沿線7市町村でつくる根室本線対策協議会が2024年3月31日の運行を最後に富良野〜新得間を廃止することでJRと正式に合意する
2024年	令和6年	3月31日	富良野〜新得間が廃線になる予定

各駅の情景

Nostalgic Sceneries
Of Station

富良野駅
FURANO

布部駅
NUNOBE

満員の三両編成

1両目は1年生

2両目は2年生

3両目は3年生だった

座れたことはほとんどない

布部から富良野への一駅だけの通学列車

生徒が毎年のように減っていった姿と重なり

卒業後は二両編成、そして社会人になる頃には一両になった

そんな一両の普通列車も、今では朝夕しか走っていない

布部近くを走る「タタンタタン」という音をいつまでも忘れぬよう

高校三年間の淡い思い出と共に

心の奥底にそっと刻んでおこうと思う

富良野市布部 / 藤岡正光

山部駅
YAMABE

下金山駅
SHIMO-KANAYAMA

下金山｜Shimo-Kanayama

金山駅
KANAYAMA

東鹿越駅
HIGASHI-SHIKAGOE

「ゼロの山」と「東鹿越」

地図には名の無い「ゼロの山」。
南富良野町と富良野市の境界にある山で、
南側にはかなやま湖があり、向かい側には社満射岳。
樹海峠の尾根続きには、「一ノ山」
「二ノ山」「三ノ山」が連なっている。

「ゼロの山」から見下ろす鹿越は、
アイヌ語のユク・ルペシペ（鹿の越える道）
が由来という。

薄暮に景色が沈んでいく中、
東鹿越の駅を富良野へ向け列車が出発した。

― キュイーン ―

その時、一頭の鹿の悲しげな鳴き声が
「ゼロの山」に木霊した。
まるで最後の列車に別れを告げているかのように。

東鹿越｜Higashi-Shikagoe

幾寅駅
IKUTORA

落合駅
OCHIAI

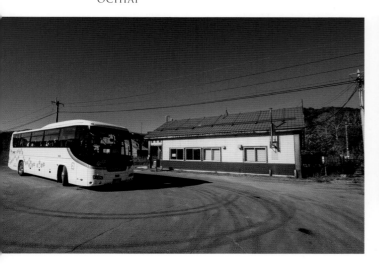

新得駅
SHINTOKU

落合 | Ochiai

空知川に沿って

[富良野〜新得間]

ON THE RAILROAD
from Furano to Shintoku

Essay : Midori.O

山部〜下金山｜Yamabe - Shimo-Kanayama

キハ40と春夏秋冬

キハ40に乗ってみつけた春

雪どけに集まる白鳥

春風に揺れる桜並木

鏡になった水田

キハ40に乗って見つけた夏

咲き誇るルピナスの駅

開けた窓から聴こえる蝉の声

突然の雨とその後の虹

キハ40に乗って見つけた秋

収穫を迎えた田園地帯

衣替えする山々と人々

黄金に輝くカラマツ林

キハ40に乗って見つけた冬　　　　もうこんな季節なのか、と
霧氷に包まれた零下20度の朝　　　いつも私に教えてくれた
白い湖面に建つワカサギテント　　大好きなキハ40
息をのむ満点の星空　　　　　　　ありがとう

　　　　　　　　　　　　　　　　　　　　Midori.O

山部〜下金山｜Yamabe - Shimo-Kanayama

布部 | Nunobe

布部〜山部 | Nunobe - Yamabe

下金山〜金山 | Shimo-Kanayama - Kanayama

金山～東鹿越｜Kanayama - Higashi-Shikagoe

雪の妖精シマエナガ

北海道の寒い冬を越えるため

羽毛に空気を含みふわふわと

雪と霧氷におおわれた真っ白な世界を

いきいきと飛び回る

下金山～金山｜Shimo-Kanayama・Kanayama

布部 | Nunobe

最後の日

待合室のベンチには　誰かの手編みの座布団と
内緒で彫った相合い傘　酔い潰れて寝てたサラリーマン
跨線橋の階段のぼる　大きなカバンの青年も
小さい頃ここで遊んだ　グリコ・パイナツプル・チヨコレイト

通学で毎日乗っていた列車
免許を取ったら乗らなくなってしまった
僕のせいかもしれない

今日はこの駅の最後の日
忘れないよ　寂しくなるな
お疲れ様　ありがとう　おやすみ
どんな言葉がふさわしいんだろう？
まぶた閉じればあの日がよみがえる

Midori.O

山部〜下金山 | Yamabe - Shimo-Kanayama

山部〜下金山 | Yamabe - Shimo-Kanayama

東鹿越｜Higashi-Shikagoe

金山〜東鹿越 | Kanayama - Higashi-Shikagoe

金山～東鹿越 | Kanayama - Higashi-Shikagoe

夕張山地最高峰芦別岳の裾野を

123年間共に走り続けた

山部〜下金山｜Yamabe - Shimo-Kanayama

そして124年目にその姿を消しても
芦別岳は変わらず、堂々と鎮座する

山部〜下金山｜Yamabe - Shimo-Kanayama

金山〜東鹿越 | Kanayama - Higashi-Shikagoe

空知トンネル

列車に乗るのが好きな人でも、
トンネルが好き、という人は少ないだろう。
私も、眺めていたキレイな景色がいきなり遮断されたり、
心地よかった音がうるさくなってガッカリすることがある。

でも空知トンネルだけは別だ。
金山から東鹿越の間にあるこのトンネルでは、窓にへばりつき、
目を見開いてじっとその時を待つ。
トンネルを抜けた瞬間の、かなやま湖の絶景を見逃すわけにはいかない。

約2分間の暗闇に目が慣れた後、
突然、湖に放り出されたような感覚になる。
トンネルの出口がそのまま湖を渡る鉄橋になっているからで、
この絶景は列車の乗客だけの特権だ。

季節によって、天気によって、毎回違う表情を見せてくれる。
素晴らしい景色が続く根室線の中でも、
空知トンネルは私を車窓にくぎ付けにする場所のひとつだ。

Midori.O

金山～東鹿越 | Kanayama - Higashi-Shikagoe

金山〜東鹿越 | Kanayama - Higashi Shikagoe

雪の幾寅駅

ある冬の日のこと。幾寅にある居酒屋さんに届け物をする用事ができた。
富良野に住む私は、いつもなら車で行くのだが、
夜の凍結路面の運転に自信がなく、列車で向かうことにした。

無事に届け物が終わり、食事もさせてもらって、
帰りの列車の時刻に合わせて店を出ると、外は雪だった。
それも、ただの雪ではなく、絶え間なく降る雪で前が見えないくらいの大雪だった。
なんとか幾寅駅までたどり着いたが、雪はひどくなるばかり。
バケツをひっくり返したような雨、という表現があるけれど、
小麦粉をひっくり返したような雪なのだ。

幾寅駅は無人駅だが、富良野駅の駅員さんによる放送が流れ、
大雪のために列車が遅れているとアナウンスされた。
風が全くなく、上から下にまっすぐに落ちる雪が、
まるで早送りしているかのようにみるみる足元を埋めていった。
誰もいないホームはただでさえ静かなのに、視界も耳も雪でふさがれて、
ああ、このまま白い世界に包まれて消えてしまうかもしれない、と
幻想的な気分になった。

Midori.O

幾寅駅は映画「鉄道員（ぽっぽや）」に登場する幌舞駅のロケ地となった

幾寅 | Ikutora

金山〜東鹿越｜Kanayama - Higashi-Shikagoe

金山〜東鹿越｜Kanayama - Higashi-Shikagoe

金山〜東鹿越 | Kanayama - Higashi-Shikagoe

春

南富良野の山々も

空知川も

鉄橋を渡るたった1両のディーゼルカーも

新緑の世界が川面に染まる

金山〜東鹿越 | Kanayama - Higashi-Shikagoe

山部〜下金山 | Yamabe - Shimo-Kanayama

布部 | Nunobe

金山〜東鹿越 | Kanayama - Higashi-Shikagoe

オモチャの列車

「川！」

テレビドラマ「北の国から」第一話は、蛍のこのセリフから始まる。

やがて布部駅に停車し、草太兄ちゃんが３人を迎える有名なシーンへと続く。

純や蛍と同年代の私はまだ子どもで、ドラマの内容はよくわからなかったが、

キラキラ輝く空知川と並走する、朱色のキハ40に目を奪われた。

このオモチャみたいな列車に乗りたい。

札幌の隣に住んでいた私がいつも見ている、住宅街を走る列車とは、全く印象が違った。

どこまでも続く山、とうとうと流れる川、大自然のスキマから現れた赤い列車はあまりに小さくて、

オモチャのように見えたのだ。

実際に乗った時、私は女子高生になっていた。

北海道には、大自然の中を走る列車は他にもたくさんあることはもう知っている。

それでも、空知川を渡る時には小学生の蛍とリンクした。

「川！」

Midori.O

金山～東鹿越｜Kanayama・Higashi-Shikagoe

金山〜東鹿越 | Kanayama - Higashi-Shikagoe

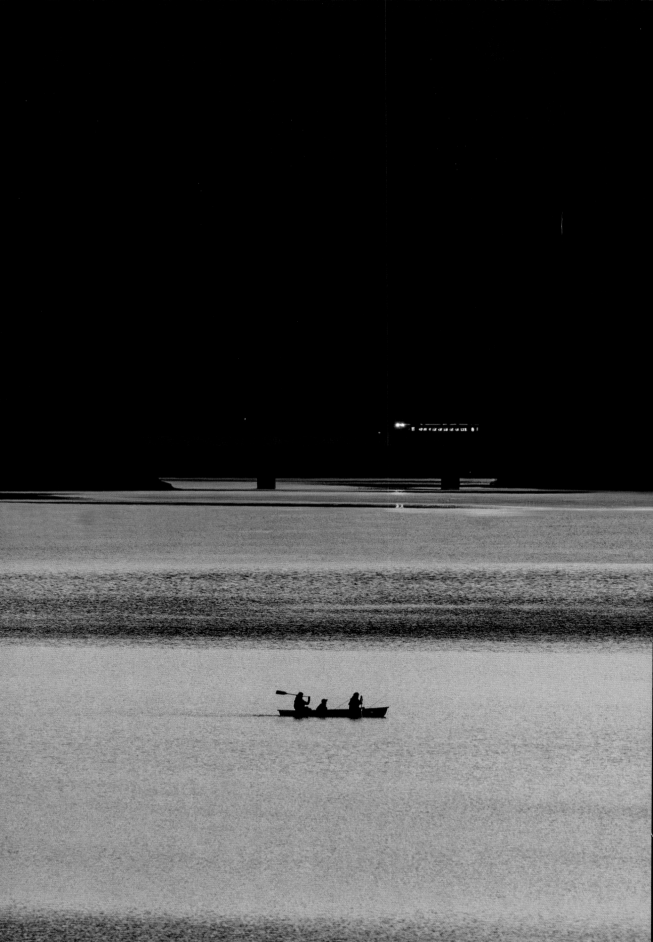

そして故郷を失くした多くの人がいることを、忘れてはならない。

Midori.O

金山〜東鹿越 | Kanayama - Higashi-Shikagoe

列車とともに時代を生きた
在りし日の情景

北 東鹿越駅
普通入場券 140円
発売当日1回限り有効
旅客車内に立ち入ることはで
きません。 東鹿越駅発行

▲金山駅に客車列車と貨物列車が停車し、改札口に大勢の下車客が並んでいる。
鉄道が沿線住民の重要な足として機能していた
1978年(昭和53年)3月25日

▲金山ダムの建設に伴い、水没地区となる
根室線の金山〜東鹿越間は線路が付け
替えられ、その中間付近に鹿越信号場が
設置された
1978年(昭和53年)3月25日

▲鹿越信号場に一旦停車する気動車。当時は正式な駅ではない乗降
場や信号場でも乗客が乗り降りしていた
1978年(昭和53年)3月25日

▲東鹿越駅からは石灰石輸送があり、構内は広く取られ、
貨車の入換えシーンも見られた
1996年(平成8年)10月26日

▲新しくなる前の木造駅舎の前で記念写真

▲仮装踊りは総出で準備を行い、
楽しい時間を過ごした

▲この吊橋を行き来し、川向こうの友達と遊んだ

第二の故郷 落合

1968年（昭和43年）春、結婚のため、生まれ育った地を初めて離れ住んだのが落合でした。狩勝峠の裾野で南富良野町5つの駅の東端です。駅前にはたくさんの鉄道官舎が並び、駅裏に夫の勤める木材会社の工場と事務所がありました。社宅は吊橋を渡って川向いにありましたが空きが無く、事務所の横に新しく建った住宅に入ったので駅がすぐ近くに見えました。

造林を担当していた夫は、青森から来た作業員の皆さんと山の宿舎に泊まっていたので、一人になることが多かったのですが、当時夜行列車も走っており、夜間、明かりの灯る駅を見て人の気配を感じ安心したものです。

冬はマイナス30℃にもなる地。旭川の病院へ通うのには6時頃の始発列車に乗り、富良野で旭川行きに乗り換えるためホームに降りると、朝の陽射しを受けた空気がキラキラ輝き、ダイヤモンドダストの美しさに感動したことを思い出します。特に記憶に残っているのは、1969年（昭和44年）の夜中、木材工場が火事になり、駅から放送で何度も叫んで知ら

せてくれ目覚めました。娘をおぶって外へ出て見た恐ろしい光景と、放送からの叫び声が今でも耳に残っています。

1981年（昭和56年）、夫の転勤で落合から転出しましたが、七年後、再度落合勤務になりました。この時は国鉄が JRに民営化された時期ということもあり、小中学生は半減してしまいましたが、運動会などの行事は以前と同様、地域の方々総出で行われました。駅前広場では、各町内会に分かれた仮装踊りがあり、子供たちも一緒に総出で準備、出来栄えで順位を競うような、力の入った楽しい行事でした。

火災後、建て直した工場も1992年（平成4年）に閉鎖となり、この工場を利用してカーリング場が出来ました。野外学校の方のご指導で私たちも楽しく体験させてもらいました。間もなく転勤で落合から離れましたが、歳月を経て、当時小学生だった子供たちの中から数人がオリンピックに出場。その成長と大活躍に感動し、拍手して応援しました。

夫の勤務で二度、通算19年間過ごしお世話になった落合は、私にとって第二の故郷になりました。

遠軽町 / 佐藤 富枝

Takikawa - Furano

滝川〜富良野

[54.6km]

起点の滝川から炭鉱で栄えた町赤平、芦別を通り富良野までの54.6キロで、
普段は普通列車と快速の一往復のみのローカル区間である。
列車は一貫して空知川沿いを走り、滝川からは田園地帯に集落が点在、
途中、炭鉱で栄えた赤平市、芦別市を通る。
野花南から先は、滝里ダムのある山間部に入り、長いトンネルを抜け
富良野盆地に入っていくと間もなく富良野である。

滝川 — 東滝川
赤茂平
平尻岸 芦別
上芦 野
別 花
南 富良野

野花南〜富良野 | Nokanan-Furano

芦別 | Ashibetsu

平岸 | Hiragishi

野花南 | Nokanan

野花南〜富良野 | Nokanan-Furano

上芦別〜野花南｜Kami-Ashibetsu - Nokanan

Shintoku - Kushiro

新得〜釧路

[172.1km]

狩勝峠の十勝側の麓にあたる新得で石勝線と接続し、
札幌、千歳方面からくる特急「おおぞら」と
特急「とかち」が走る172.1キロの幹線である。
十勝は十勝晴れと称されるように気持ちの良い青空と、
広々した大地の中を走り、釧路地方に入っていく。
釧路側は海岸近くを走る区間も多く、
夏は海霧に包まれ、冬は太平洋からの寒風が吹付け、
冷涼なところである。

新得
十勝清水
西帯広
帯広
御影
芽室
大成
柏林台
札内
幕別
利別
池田
十弗
豊頃
新吉野
浦幌
厚内
音別
白糠
西庶路
庶路
大楽毛
新大楽毛
新富士
釧路

十勝清水〜御影｜Tokachi-Shimizu - Mikage

トマム〜新得 | Tomamu - Shintoku

池田〜十弗 | Ikeda - Tōfutsu

帯広〜札内｜Obihiro - Satsunai

御影〜芽室 | Mikage - Memuro

音別〜白糠 | Onbetsu -Shiranuka

Kushiro - Nemuro

釧路～根室〈花咲線〉

[135.4km]

通称「花咲線」は、花咲港と名産の花咲蟹にちなみ、明るい花が咲くイメージで
名付けられ、普通列車と快速列車のみの135.4キロの区間である。
牡蠣で有名な厚岸町を通り、雄大な太平洋を横目に、
別寒辺牛湿原を走る区間や、別当賀の先、原野を抜けて落石海岸沿いに
出る区間は最果て感があり、人気が高い。

根室
東根室
西和田
昆布盛
落石
別当賀
厚床
姉別
浜中
茶中
厚岸
門静
尾幌
上尾幌
別保
武佐
釧路
東釧路

厚岸〜茶内 | Akkeshi - Chanai

別当賀〜落石 | Bettoga - Ochiishi

別当賀｜Bettoga

根室｜Nemuro

門静〜厚岸 | Monshizu - Akkeshi

布部｜Nunobe

おわりに

　「空知川」という響きが心地良かった。川は全域に渡り、国道、道道と
JR根室線がほぼ並行しており、流域は山岳の間を縫うように流れ、渓谷
や湖を形作っている。正にここに暮らしている人々の生活を支えてくれ
ている。

　本書では、この廃線区間、富良野～新得間を中心に、山紫水明で魅力
的な路線とその風景を中心にまとめた。富良野駅を出た列車は、ここか
ら空知川の上流、落合まで遡る。そして狩勝峠を越えて新得へと下って
いく。消えゆくものは無条件に美しいとも言え、もうこの先見ることの
ない景色に心が揺れ、その瞬間瞬間をカメラに収めてきた。この美しい
鉄道風景を、地元の方々と共にいつまでも記憶の奥に残したいと思う。

番匠　克久